VOY SOÑANDO DIÁLOGOS DE LA TARDE
© José Luis Nuevo Ábalos
© de la imagen de portada: María Nuevo Córdoba
Diseño de portada: Dpto. de Diseño Gráfico Exlibric

Iª edición

© ExLibric, 2026.

Editado por: ExLibric
c/ Cueva de Viera, 2, Local 3
Centro Negocios CADI
29200 Antequera (Málaga)
Teléfono: 952 70 60 04
Fax: 952 84 55 03
Correo electrónico: exlibric@exlibric.com
Internet: www.exlibric.com

ISBN: 979-13-88079-81-8
Depósito Legal: MA 219-2026

Impresión: PODiPrint
Impreso en Andalucía – España

Nota de la editorial: ExLibric pertenece a Innovación y Cualificación S. L.

JOSÉ LUIS NUEVO ÁBALOS

VOY SOÑANDO DIÁLOGOS DE LA TARDE

(2020)

ExLibric

ANTEQUERA 2026

¿Es verdad lo que ver creo?
¿Fue un sueño lo que vi
en mi loco devaneo?
¿Fue verdad lo que fingí?
¿Es mentira lo que veo?
JOSÉ DE ESPRONCEDA
«El diablo mundo», vv. 647-651.

Vuela la naciente idea

I. AGUA Y PÁJARO

Agua: No hay aire, solo silencio azul,
nostalgia hermana de luceros blanca.
Pájaro: ¿No oyes mi canto de luz vespertino,
cómo se enhebra en las hojas caducas?
Agua: Ayer estuve en el seno de madre,
sonámbula por las grietas de su alma.
Pájaro: Verde la palabra de la existencia,
ayer no hubo estampidas de insectos.
Agua: Calienta mi espíritu cansado
el bello sol del mediodía invernal.
Pájaro: No le des flores amarillas al aire,
sabe volar sin alas domeñado.
Agua: Mi música son las cadencias sonoras
de mi caída sobre la piedra, el barro.
Pájaro: Es invierno y no conozco vida
pura, sin sombras fugaces oscuras.
Agua: Cierro, ay, los ojos de mi corriente
interior y descubro desnudas ideas.
Pájaro: Nublada la tarde muere soñadora,
vuelo a cobijo del viejo ciprés.
Agua: Sueño, río, corro, salto, pienso, existo,
rendida a los pies de la tierra sola.

Pájaro: Sometido a tus vaticinios, agua,
libérame del fuego de la tarde.
Agua: No me implores vacíos, voy a morir
por arroyos y ríos a la mar.

II. Gato y cielo

Gato: Cual un piano maúllo a los cielos de luz,
nadie me responde, solo silencio.
Cielo: Vivo infinito. Azul hoy mi veste.
¿Voz, música de piano, maullidos?
Gato: La soledad habla, está compungida,
eco de agua sinfónica lejana.
Cielo: Infinita mi esencia, hijo del mar,
eterno por milenios sin medida.
Gato: Sorpresa. Ladridos de perros raros.
Tambores. El sol quema la nostalgia.
Cielo: Eh, tú, miserable. Sí, tú, animal,
¿qué haces lamido ahí por la soledad?
Gato: ¿Yo? ¿Quién me llama? Existo. Vivo.
No sé quién soy. ¿Animal o existencia?
Cielo: Mi presencia es la ausencia, ¿no me ves?
La vida entera arropa mi ser.
Gato: ¿Eres Dios o de la nada el silencio?
Ahora comprendo ya tu belleza.

III. MANO Y LÁPIZ

Mano: Modelo la idea y no existo,
venid a mí, fuegos, sombras, voces.
Lápiz: En verdad, yo no pienso, yo no vivo,
necesito la voluntad de tu secreto.
Mano: ¿Los atardeceres a descubrirme
vienes tras los perfiles de las montañas?
Lápiz: No. Tú, mano, eres la luz de mi vida,
tú justificas mi existencia siempre.
Mano: ¿Y quién la llama de mi ser alumbra?
¿El espíritu oculto tras el hombre?
Lápiz: Sí, ese ser creador a base de genio
y voluntad y esfuerzo y locura.

IV. MESA Y LIBRO

Mesa: Sostengo tu espíritu libertario,
cuando cansado sobre mí dormitas.
Libro: A nadie pertenezco, a nadie;
una vez creado, soy viento, soy aire.
Mesa: ¿Qué sería de la loca creación
sin mi apoyo, brújula del sosiego?
Libro: No te arrogues demasiada luz
en el tiempo de tu existencia efímera.
Mesa: Libro, contemplo el amanecer,
y leo las palabras de la aurora.
Libro: Bueno, ¿qué te diré sobre mi origen?
Me remonto al silencio de la vida.
Mesa: Mi principio en la noche de los tiempos
se pierde, como del río la corriente.
Libro: Mi enemiga, la vana oscuridad,
mi dolorosa ruina hasta la nada.
Mesa: Olvida de los males la humareda,
sáciate de la luz de la existencia.
Libro: Eso haré, elogiar la libertad
de las ideas en quien libre me lea.
Mesa: Y yo sobre mi esencia sostendré
el sudor amargo del desasosiego.

V. Noche y ventana

Ventana: Un mar de azabache sombra veo
tras los blancos visillos de mi ser.
Noche: No encuentro lucero vespertino;
me palpo, me toco, ¿dónde te fuiste?
Ventana: Estela de farolas de albas luces
serpea la calle Mayor de mi pueblo.
Noche: Escapan las plateadas estrellitas
en mi manto marino infinito.
Ventana: Tras los verdes tejados de la noche,
relumbra una moneda de plata fina.
Noche: Me palpo las vestiduras de mi ser
y descubro que me llama la luna.
Ventana: Duerme la razón cansada humana
en los oscuros ámbitos del fuego.
Noche: Será posible, luna, qué hermosa,
hoy, llena de gloria celestial.
Ventana: Desnuda, eterna, sensual, bella luna,
qué níveo cabello sobre tus senos.
Noche: ¡Bésame, diosa pagana, divina,
te daré la eternidad del libro!
Ventana: Las celestes páginas de la noche
el despertar de la luz del alba cierra.

VI. Candela y Árbol

Candela: Aguardo tus despojos de raíces,
madera y hojarasca, para mi ser.
Árbol: Vuelan solitarios los rabilargos
por mis soleadas ramas sin hojas.
Candela: ¡Fuego o vida! ¿Qué maldades destruyen
el consuelo del vivir placentero?
Árbol: No duermo, sueño despierto siempre,
al paso alerta de la luz dorada.
Candela: Con mi gris humareda mortecina
arropo los ámbitos de la vida.
Árbol: Existencia, sumisión, lejanía,
placer, raíces, caminos de la tierra.
Candela: Mi tenue llama callada se apaga,
no hay luz, solo ligero rescoldo.
Árbol: Pasar, irse, nunca volver jamás,
eso, el silencio último de la vida.

VII. Fuente y silencio

Fuente: De la cadencia la armonía del agua
propalo, sin arrogancia, ni orgullo.
Silencio: Existo, bien lo sé, soy un tesoro,
sin riqueza, he ahí mi ser, todos me buscan.
Fuente: Te entrego el placentero sosiego,
sin nada por dártelo, nada a cambio.
Silencio: Riego la flor de la idea viva,
la silueta del poema pictórico.
Fuente: Debo a la montaña escarpada y blanca
el don de la correntía del agua.
Silencio: Siembro girasoles de entusiasmo,
musas, centauros, colores y monstruos.
Fuente: Ay, la muerte importa al indolente,
al miserable, al cobarde, al muerto.
Silencio: Vivo por vivir, pertenezco al sueño,
a la vida placentera del hombre.
Fuente: De la luz naciente espejo azabache,
si me expando en el estanque de peces.
Silencio: ¿Qué sería de ti, entonces, poeta,
para tu llama sin mi buen hacer?
Fuente: Cadencias de agua que mi ser lleva,
música silente, gloria sin Dios.

VIII. Viento y veleta

Veleta: Yo soy mi tesón, mi fuerza, mi yo,
pastor de mi rebaño, mi osadía.
Viento: Trepo a la cima de las colinas
doradas y azules, níveas, rosas.
Veleta: Señalo la dirección de Eolo,
dios antiguo y viajero de tus vientos.
Viento: Se me inflama de mi interior el fuego
sagrado por eternidad de siempre.
Veleta: ¿Por qué me llamas, espíritu eterno,
desde tu efímero y bello vaivén?
Viento: No sé, eco es mi voz afilada,
profunda y osada, blanca, transparente.
Veleta: Al placentero mediodía voy
altanera, cabal, joven, risueña.
Viento: Doblegaré a los sostenedores
del infortunio, ay, de la desdicha.
Veleta: Sostén tu impulso de sosiego,
desvela lo verdadero de lo falso.
Viento: Luz en la sombra, dicha en la nada,
es un viaje la vida en ola marina.
Veleta: Serena, impertérrita, miraré
la blanca paz de los mares celestes.

Viento: Aguarda, espera, hoy no renuncies,
castigaré la voz de la ignorancia.
Veleta: Hombres, despertad de la negra noche,
el viento de la vida os subyugará.

Plácida luz de la tarde

IX. CAMINO Y RUIDO

Camino: Polvo, tierra, girasoles floridos
de mi camino la cuneta bordean.
Ruido: Huye de mi entorno, soy la dictadura
del estrépito de infernal voz.
Camino: Llueve, ay, triste la tarde está,
airecillo frío, invernal, corre y vuela.
Ruido: Sombra oscura de los males extiendo
sobre la luz de los tristes humanos.
Camino: Soy sendero, soy consuelo, soy voz,
para el osado, para el atrevido.
Ruido: Estupidez, soberbia, arrogancia,
males mil os impongo sin respeto.
Camino: Cansado estoy de tu tiranía,
ser maligno, indeseable, triste.
Ruido: Soporta mi atónico martilleo
de estruendo loco, voraz, oscuro.
Camino: Soy infinito, aire, tierra, agua,
río, amor, espacio, escapo y vuelo.
Ruido: Puf, paf, pef, pon, pen, tin, tan, chum, cham, chom,
ra, re, ro, tron, tran, craf, cref, plon, plan, plen.
Camino: Acogedme, cielos, luces lejanas,
muera el ruido, el silencio viva.

X. SOL Y PEÑA

Sol: Del caos oscuro yo soy principio,
de la noche azul de las estaciones.
Peña: Engalanada voy de vespertinas
sombras pétreas y ríos cristalinos.
Sol: Alumbro la belleza de los mares
de girasoles y verdes olivos.
Peña: Impertérrita, noble, audaz,
desafío las tempestades y huracanes.
Sol: De los barbechos, de las montañas
de roca, de horizontes de beso.
Peña: Cueva de bandadas de negras grajas,
tabernáculo de cucarachas.
Sol: Corren mis caballos al crepúsculo,
que agoniza altanero de arco iris.
Peña: Aliento, deseo, agua cristalina
renace de mi corazón de cal.
Sol: Te beso, hermosa y altiva peña,
mis labios dorados te poseen.
Peña: Dolor de luz, misericordia pétrea,
¿podré odiar de amor a este fuego?
Sol: Solo a la oscura noche le es lícito
mi deseo ardiente suplantar.

Peña: Tuya, no reniego de tu hermosa
y límpida luz de la eternidad.
Sol: Destruyámonos, yo roca, tú luz,
unidos siempre hasta la ceniza.

XI. Ciprés y tarde

Tarde: Sosiego, paz, armonía, cielo,
quiero mis labios rojos de tristeza.
Ciprés: Sereno y altanero me elevo,
cual pluma escritora del destino.
Tarde: Vuelan las grises nubes sobre mi rostro
soleado entre montañas de piedra.
Ciprés: Soy escala verde, caduca y eterna,
hacia los infinitos confines del cielo.
Tarde: Medito, ¿existe la pluralidad
de la riqueza en todo o en parte?
Ciprés: ¿Huésped de la poesía o del arte?
Espada de la alianza sin victoria.
Tarde: Todos los días me entierra la noche,
todos los días me destila la luz.
Ciprés: Me deleita el canto hermoso y alegre
de las fugaces y tímidas tórtolas.
Tarde: Escribo en los renglones del tiempo
la nostalgia del futuro fugaz.
Ciprés: Yo soy poesía en la soledad del sueño,
donde mora la brevedad del verso.
Tarde: Me habla del tiempo la serenidad,
en mi espíritu inmortalizado.

Ciprés: Mi amor tiene deseo de tus besos,
de tu fresco calor blanco y celeste.
Tarde: Me hieres, ciprés inmisericorde,
en el horizonte mi sangre despierta.
Ciprés: Es mi vida tu muerte silenciosa,
tras los tajos sinuosos de tu rostro.

XII. Cuchillo y poeta

Cuchillo: No me prestaré a tu inmortalidad
de hombre en el libro de los designios.
Poeta: ¿Por qué me recibes de esta manera,
tan hiriente, tan demoniaca y brusca?
Cuchillo: ¿Acaso tú no buscas una estrella
que refulja en el cielo eternamente?
Poeta: No, displicente cuchillo, no busco
la luz de una eterna llama inmortal.
Cuchillo: Entonces, ¿por qué la trágica muerte
os redime de los vitales nudos?
Poeta: Amarga y ruin y dura es la muerte
siempre, penosa, aunque nos libere.
Cuchillo: Mi lenguaje es el lenguaje del hombre,
sea hacia los fines del mal o del bien.
Poeta: Yo no busco nada, solo interpreto
y escribo la voz que me habla dentro.
Cuchillo: ¿Sangro de tu osada alma la coraza
para ver qué musita silenciosa?
Poeta: No te atrevas a nada de eso, vil,
la paz y el sosiego mi alma busca.
Cuchillo: Me traiciona de mi hoja la plata,
la sangre roja pide de la vida.

XIII. Mujer y muro

Mujer: ¿Viste mi cara, mis ojos, mis senos,
mi cuerpo, mi sol, mis piernas, mis besos?
Muro: Corto el camino, cierro la noche,
limito las ideas, os divido.
Mujer: ¿Eso soy yo? ¿Sí, eso soy yo? ¿No ves
más allá del límite de mi cuerpo?
Muro: Tapo la luz, oscurezco la noche,
divido los cielos y las montañas.
Mujer: Domeñada al hombre, ¿así me ves?
Soy tan diosa como dios es el hombre.
Muro: Alto, no destruyas mi soberbio muro,
espadas, me ayudan, cuchillos, torres.
Mujer: El camino iluminó de nuestra
esperanza, Antígona, la rebelde.
Muro: Destruir mi ser, esa es tu plática;
ni lo intentes, muros hay infinitos.
Mujer: Una estrella una mujer es,
un planeta vivo, un satélite nunca.

XIV. Fama y espejo

Fama: Cielos, abridme el límpido camino
de vuestro espacio, quiero volar.
Espejo: Yo soy yo, tú eres tú, yo soy tú,
tú eres yo, ¿sabemos quiénes somos?
Fama: Muere el sol tras las oscuras sierras,
grita enrojecida la agreste tierra.
Espejo: Dentro de mí, oculto tras mi azogue,
de mi nostalgia siento el reflejo.
Fama: Tu renombre vive el tiempo que dura
el veloz pájaro de mi ronca voz.
Espejo: Reflejo mi entusiasmo de plata,
si me miras sincera o esquiva.
Fama: Difundo la voz de flores, de náusea,
el rostro de arenas mortecinas.
Espejo: La luz muchas veces del sol deformo,
otras un rostro enfermo embellezco.
Fama: Vuelo y en mi leve ala llevo el canto
del ruiseñor efímero y caduco.

XV. Ciudad y mendigo

Ciudad: No tengo palabras, no tengo sueño,
sobre un cúmulo de ruinas existo.
Mendigo: De un puente bajo la sombra,
de la náusea a la derecha duermo.
Ciudad: Destruir hoy es construir,
para hoy crear del presente la luz.
Mendigo: La voz, la luna, la palabra pido,
del pobre la justicia redentora.
Ciudad: Del sueño las madrigueras cobijo
en los anaqueles de la memoria.
Mendigo: Mi llama de consuelo es mi aliento,
en un trasnochado y podrido mundo.
Ciudad: De hormigas ejércitos ayer,
reptiles hoy, ay, nauseabundos.
Mendigo: Es patrimonio el jardín de todos,
pobres, mendigos, ricos y banqueros.
Ciudad: A todos, mis pétreas manos abro,
soy diosa y dolor, ay, reina y placer.

XVI. JUVENTUD Y PIEDRA

Juventud: El mundo soy yo, solo yo, nada más,
reviente el universo, la tierra.

Piedra: Mis entrañas del tiempo la finitud,
por la cadencia fría de milenios.

Juventud: ¡Dejadme a mí solo, vuestro pasado
un invento amargo es de cobardes!

Piedra: Testigo impertérrito, solitario,
de las grietas amargas de los siglos.

Juventud: Es mi bandera el fuego entusiasmo,
salpicado de saber absoluto.

Piedra: Los secretos del deseo encierro,
pétreos en las fronteras de mi carne.

Juventud: Dejadme solo, que rompa del orden
las murallas de las ideas caducas.

Piedra: No sueñes, joven bastardo e idiota,
quema el hombre la dorada plata.

Juventud: ¿Qué construiré, si derribo el hoy,
sobre las cenizas del desaliento?

Piedra: Quema el negro basalto, el mercurio,
el níquel, el uranio, el cobalto.

Juventud: Un paraíso edificaré de ruina
bajo el silencio de la amargura.

Piedra: Y seguirá, ay, quemando metales
hasta el fin de la llama humana.
Juventud: Ruina es el hombre, ruina de su sangre,
ay, por los siglos de los siglos, siempre.

XVII. Pez y crepúsculo

Pez: Bajo las sombras del agua duermo,
de algas y líquenes arropado.
Crepúsculo: ¡Cielos! Rojo, violeta, esmeralda,
caracoles espirales de luz.
Pez: No obedezco a la conciencia, no,
siento la esencia glauca del agua.
Crepúsculo: Magia del iris señorial del aura,
de color mortecino tras las sierras.
Pez: ¿Qué es el mar? Un universo de salinas
estaciones de energía ahíto.
Crepúsculo: Cierro los multicolores ojos,
mi mundo puebla de la noche la mano.
Pez: Del mar los renglones las letras tienen
de sus libros repletas de olas marinas.
Crepúsculo: ¡Qué no han visto mis ojos del cielo
desde la nívea aurora del tiempo!
Pez: ¿No sueño? Labios rojos cual delfines,
crespa cabellera cual negros pulpos.
Crepúsculo: Somos cadencia de efímera luz,
ahora, mañana, luego, ayer.

En el mar de las voces

XVIII. Viejo y vacío

Vacío: Sol naciente en el celeste horizonte
de la blanca mañana del mediodía.
Viejo: Soy faro, soy torre, soy castillo,
soy luz, soy sombra, soy hombre, soy nada.
Vacío: Mi trono, penetrar en la ausencia
de las cosas creadas por el hombre.
Viejo: ¡Cuánta ignorancia nubla mi ser,
de la vana altura a la clara nada!
Vacío: En principio era el albo vacío
sobre cuyas sombras nació la luz.
Viejo: No olvido, me pertenece la luz
de la memoria en su carro de fuego.
Vacío: La fugaz voz se vistió de palabra,
así nació el caduco pensamiento.
Viejo: Mi antorcha de voluntad desvela
mi vida en el bosque del pasado.
Vacío: Te redime de la esclava obediencia
construir las líneas de las ideas.
Viejo: Lo dejo todo, ay, me espera pronto
la dama solitaria de la muerte.

XIX. Muerte y Hombre

Muerte: Nací con la esplendorosa vida
y heme aquí eternamente lozana.
Hombre: Honrada, cruel, sincera, ser malvado,
¿por qué te viniste aquí a mi lado?
Muerte: ¿Sabes de la oscuridad del mundo?,
predico con dolores y silencios.
Hombre: Busco tu no existencia desde la cuna
del tiempo, y encontrarla espero algún día.
Muerte: Pájaros cantores, invocad mi himno,
tras el manzano la tarde hoy agoniza.
Hombre: Llevarme contigo, no oses, maligna,
no te pertenezco, mi amor me espera.
Muerte: ¡Silencios, penumbras, dolores, agonías,
lamentos, tristezas, lloros, venid!
Hombre: Gracias a ti es la vida soportable,
amor mío, mi tesoro, mi luz.
Muerte: Cíñase la oscuridad sobre tu ser,
principio, hombre, final de la vida.
Hombre: Mi luz apagarás, ser imperfecto,
mas no la herencia de mi legado.
Muerte: Hágase de agonía mi silencio,
cobarde, tu vida no vale nada.

Hombre: Un arduo y breve sendero es mi vida,
ay, de cipreses poblado y de pájaros.
Muerte: Sobre la retina de tu día último,
el manto oscuro extiendo de la noche.
Hombre: Vivid, emborrachaos, fornicad,
no dejéis que mañana sea ayer.

XX. MANZANA Y LOBO

Manzana: El mal confundió con una manzana
al hombre, sabedor de lo divino.
Lobo: Altanero me hace la verdad,
siniestro, oscuro, salvaje, hambriento.
Manzana: Virgen, seca, hermosa y sensual por fuera;
por dentro, jugosa, fresca y gloriosa.
Lobo: De un bocado solo te comería,
hermosa manzana, luz del pecado.
Manzana: La esencia soy del deslumbramiento,
por voz perseverante sacudida.
Lobo: En la montaña mis hermanos aúllan,
mis gritos reclaman bajo el manzano.
Manzana: Ayer vislumbré, mientras dormitaba
de la nada ancestral el espíritu.
Lobo: La maldad en los sótanos se esconde
de la clara hipocresía del hombre.
Manzana: Bajo mi placentera sombra sueña
aireado el esfuerzo por la constancia.
Lobo: ¿Maldad es aquello que daña a otro?
¿Es subsistencia o maldad mi hambre?

Manzana: Ha llegado el estío, y mis frutos
muy maduros están, ¿no quieres uno?
Lobo: Del hombre sus fauces te comerán,
no tiene límite su apetito.

XXI. ESTRELLA Y PIANO

Estrella: Plata brilla en oscuro azabache
por el calor de un estío dolido.
Piano: De la eternidad los sueños construyo,
si de mis notas la estela persigues.
Estrella: Buen señor, engalanado de negro,
de dicha melancolía reposas.
Piano: ¡Oh, cielos, oh, astros, oh, ríos, oh, montes,
oh, árboles, dejadme que os imite!
Estrella: Miríada de compañeras estrellas
en la bóveda etérea brillan.
Piano: No veo luz, siento en mi partitura
del agua la cadencia al correr.
Estrella: De la caja de la alegría descorro
el secreto áureo de sus cerrojos.
Piano: Veo ilusiones volar, circunstancias,
amores, rupturas, dolores, vida.
Estrella: Luz, ese tesoro que llevo dentro,
primavera de la angustia humana.
Piano: De mi gruta la música te lleva,
sin saberlo, a confines eternos.
Estrella: Solo alumbro para quien mi luz sienta,
esa luz de dentro que solo ven pocos.

Piano: Te lleva a sentirte roca dolida,
rayo sin fuego y alegre ciprés.
Estrella: Me siento tú, piano, en el firmamento;
me siento yo, estrella, en la nada.
Piano: Vuela, vuela en las alas de la dicha,
la arrogancia y la soberbia descansan.

XXII. Dios y niño

Dios: En la humanidad la inconsciencia reina,
por el bulo arropada y la mentira.
Niño: De charco en charco la rana volaba,
de piedra en piedra, soberbia, saltaba.
Dios: Por su conveniencia me creó el hombre,
como sudario para sus miserias.
Niño: Ora aquí, ora allá, vivo y sueño,
seré barrendero, soldado o rey.
Dios: Soy siempre eterno y misericordioso,
me apiado del pobre y del leproso.
Niño: Pobre rana, saltaba y saltaba,
parece que nunca encontró su jardín.
Dios: Niño, que cantas ahí arrinconado
en el salón de piedra de tu casa.
Niño: ¿Quién sin presencia me dice «niño»?
¿De qué ventana o pared la voz nace?
Dios: Soy Dios, ese ser que ni existe, ni vive,
al que el hombre llama desde la pena.
Niño: Ah, tú eres a quien mi abuela reza
por la mañana y la tarde y la noche.
Dios: Sí, niño, yo soy el rey de los mendigos,
que castigo al rico y al pobre libero.

Niño: ¿A qué vienes a mi casa?, ¿a jugar
conmigo?, ¿tú eres ladrón o silencio?
Dios: ¿Quién te crees tú para hablarme sin miedo,
niño osado, deslenguado, rufián?
Niño: Soy humano, cuestiono tu vacío,
tu nada, ser misericorde, loco.
Dios: El poder se basa en el castigo,
atente, miserable, a tus palabras.
Niño: Olvida la amarga ira, respeta,
si existes, al ateo, al diferente.
Dios: El hombre me hizo soberbio, tirano,
me otorgó el poder sobre la tierra.
Niño: Vuelve a tu nada inicial,
destruye de tu reino las jerarquías.
Dios: Recuerda, niño, el hombre desde siempre
diviniza hechos, seres... inventos.

XXIII. Enfermedad y sueño

Enfermedad: Destruir los seres vivos, mi destino,
aquí, allí, sean cuales fueren, siempre.
Sueño: De los vivos la ruin vida libero,
una doble existencia construyo más breve.
Enfermedad: Con mi compañera el trigo siego,
la oscura y vital muerte necesaria.
Sueño: De su deseo oculto la luz habla,
sus rayos de fuego besa la sombra.
Enfermedad: Buena estará la carne dolida,
si fiebre, dolor y nostalgia añades.
Sueño: La frustración el vacío redime,
del que maltrecha la existencia siente.
Enfermedad: Los atrevidos valientes me matan,
de arrojo ángeles explosivos.
Sueño: Por el cielo azul los bajeles vuelan,
por el verde mar navegan las cuitas.
Enfermedad: Muerto el corazón, sepultura reclama,
herida la tristeza, enloquece.
Sueño: El universo inmortal dejadme,
para trazar las líneas del deseo.
Enfermedad: Dios mediante, mañana volverá
a nacer del dolor un nuevo hijo.

Sueño: Huyamos del silente resplandor,
de la cobarde y oscura enfermedad.
Enfermedad: No huyas, vano sueño, mi discordia
aguerrido te hará contra mi espada.
Sueño: Maleducada niña, te detesto,
mi mundo no te pertenece, adiós.

XXIV. LUNA Y RELÓ

Luna: Abrazo llena la tierra dormida
en la cenicienta noche de deseo.
Reló:: No sé quién soy ahora, no me importa hoy,
monótona mi alma interior gime.
Luna: Antorcha de plata de luz pura,
de los amantes los besos desvelo.
Reló: Anuncio la vida, no sé por qué,
no sé por qué, la muerte, anuncio.
Luna: De la niña los tiernos senos veo,
que de su virginidad se desviste.
Reló: Nunca sosiego tengo, ni descanso,
me persigue el tictac de mi ser.
Luna: Vencido, el joven cae desnudo
sobre las blancas olas de las sábanas.
Reló: ¿Qué puedo hacer para destruir la cuita
de no poder eternizar el hoy?
Luna: Los amantes con sus puñales luchan;
desenfrenada, ay, corre la sangre.
Reló: Vivir, eso haré, la callada música
del que dichoso se siente y vivo.

XXV. Rueda y olvido

Rueda: Danzad, malditos, cobardes, saltad,
he aquí de la voluntad el silencio.
Olvido: Lo que ayer hiciste, abandona,
cual el mar la ola en la orilla.
Rueda: Es perfecto el ojo de lo creado,
si bien tú, hombre, su decadencia eres.
Olvido: ¿Qué sabemos de la oscura sombra
en la que un día pasado vivimos?
Rueda: Una cadencia la mañana alumbra,
monótona, de agua plateada.
Olvido: Mortecina una luz sobrevive,
en la sima honda del conocimiento.
Rueda: Desconocida una mano desvela
los secretos áureos del saber.
Olvido: De mí no hagáis un pudridero,
donde vuestra negligencia reine.
Rueda: La vida hoy, ayer, mañana gira
en los cangilones de su nostalgia.
Olvido: El río su cauce seco abandona,
y barre la mar salada la ola.

XXVI. Preso y mosca

Preso: ¿Qué he hecho yo para estar encerrado
aquí, como un pájaro forzado?
Mosca: Vuelo allá y me poso aquí,
ay, vuelo arriba, abajo vuelo.
Preso: Tu suerte envidio, alada mosca;
eres pobre, eres libre, eres tú.
Mosca: Nunca violé la norma a que me obligan
a respetar los mandatos de la ley.
Preso: Para desdicha mía deshojé al alba
una hermosa flor de primavera
Mosca: Ruin, miserable, inhumano monstruo,
en tan poco el encanto valoras.
Preso: Lo confieso. Mi animalidad
de la razón sobrepasó sus límites.
Mosca: Malvado, ahora pena, soporta
tus alas truncadas sin libertad.
Preso: ¡Cuán caro es aquello que se pierde!
¡Dioses, soy príncipe de los cobardes!
Mosca: Ser despreciable, adiós, no olvides
contemplar de la belleza la gloria.

Preso: Ay, no te vayas, no me abandones al fuego amargo de la soledad.

Mosca: Lo dicho, el castigo sin venganza de su pena redime a los malvados.

Cielo del crepúsculo

XXVII. Alba y sabiduría

Alba: Del día la límpida puerta abro,
mientras cierro la negra de la noche.
Sabiduría: Llama rubia me deslumbra de luz,
no sé quién soy y me veo en mí misma.
Alba: Mi ropaje plateado desvelo
sobre los perfiles del horizonte.
Sabiduría: Si conocimiento abrigar quieres,
tu ignorancia no ocultes, el error ama.
Alba: Del tiempo su cadencia por milenios
he abrigado de saber mi tesoro.
Sabiduría: Siento hoy nostalgia por la ignorancia,
mi raíz, mi esencia, mi luz, mi tesoro.
Alba: Yo dudo si me dejarán las nubes
mostrar mi pura desnudez ahora.
Sabiduría: Mi arboleda crece día tras día,
y parece que ayer vivió Heráclito.
Alba: Es el saber la huella del tiempo
en los renglones de la escritura.
Sabiduría: ¿De cuántos bosques no nos queda nada,
completamente nada, ni escoria?
Alba: He visto nacer al hombre ignorante
en la noche anónima de la historia.

Sabiduría: Descanso y en la contemplación me recreo,
mientras leo el saber de la ceniza.
Alba: Tú, sabiduría, es verdad, eres vida
en la tarde, en el libro, en el sueño.
Sabiduría: En la enfermedad y en el silencio,
en la soledad y en la fría muerte.

XXVIII. ORGULLO Y SIRENA

Orgullo: Se ha parado el reló de la tarde,
resuena de la tórtola la música.
Sirena: Un pueblo blanco veo recostado
en el seno mujeril de la sierra.
Orgullo: Salto y grito, ay, rio y corro, ay, vuelo,
florezco, como en invierno una rosa.
Sirena: El mar sereno está bajo el brazo
del poderoso dios, rey del océano.
Orgullo: Todo lo sé, todo el saber es mío,
solo mío, me pertenece, ay.
Sirena: Mi dulce canto a todos hechiza,
sabios e ignorantes, y a ti, orgullo.
Orgullo: Como marinos del astuto Ulises,
con cera mis oídos me tapono.
Sirena: No seas vanidoso, feo orgullo,
más que tu presencia mi canto vale.
Orgullo: Ya me voy a sentirme altanero,
ay, en el cerebro de un inmodesto.
Sirena: Libres vivamos, fuera del ruidoso
mundo, del hombre egoísta e inmoral.

XXIX. Ninfa y Locura

Ninfa: Camino hermosa por el verde bosque
de gorjeos y sinfónicas aguas.
Locura: Soy la luz blanca del genio dormida
en el regazo de la voluntad.
Ninfa: Cadencia de mis senos desnudos,
de mis palabras voz llana y meliflua.
Locura: Me arrojo al abismo del sueño
con las dulces alas de la osadía.
Ninfa: Río de oro al viento, mi cabello,
mientras del silencio busco su gozo.
Locura: Siempre dando luz al genio,
que imagina, emborrona, piensa y crea.
Ninfa: Yo soy tu deseo enloquecido
por mis labios cárdenos de amor.
Locura: No me enloquezcas, carne de fuego,
no respondo de mi atrevimiento.
Ninfa: Vente, sabré compensar tu pasión,
te daré el placer de mi tesoro.
Locura: Un beso de gloria solo me eleva,
mañana el sueño despertaré del poeta.

XXX. PÍCARO Y RÍO

Pícaro: Hoy he comido besos de almendra,
con rojas manzanas, grandes y hermosas.
Río: El pétreo cuerpo de la tierra recorro,
con mis límpidas aguas de inocencia.
Pícaro: Tan sabrosos eran los labios del postre,
que rebañé el plato de placer.
Río: Ladran atados los perros hambrientos
a la sombra de un gigantesco álamo.
Pícaro: Rica estaba de deseo la comida,
un pozo de nostalgia me asfixia.
Río: Sobre mi espejo desnudo sueñan
zigzagueantes las negras golondrinas.
Pícaro: Después hubo un caliente helado,
de compromiso y religión de amor.
Río: No me digas que no te gusta nada,
del agua su sinfonía para piano.
Pícaro: Aviva de deseo mi llama fría,
tu cadencia de sonido monótono.
Río: Agua es mi tesoro, mi corazón,
mi armonía es agua, mi compás.

Pícaro: ¿El deseo me arrastra de la carne,
o tengo clavado el sentimiento?
Río: La sangre rezumas del compungido,
de la ausencia el placentero dolor.

XXXI. Página en blanco y tierra

Página en blanco: Soy el principio de todo lo creado,
sea por el hombre, sea por Dios.
Tierra: Bienaventurados los habitantes
de mi cuerpo, de barro, piedra y agua.
Página en blanco: Arrojaos al vacío y comprenderéis
el secreto hondo de la creación.
Tierra: Bienaventurados los animales,
porque a ellos también mi ser pertenece.
Página en blanco: Soledad, asombro, a veces duda,
angustia, lejanía, escalofrío.
Tierra: Bienaventurados los vegetales,
porque a ellos también mi ser pertenece.
Página en blanco: Alegría, consuelo, entusiasmo,
sobre mi alma el pensamiento creó.
Tierra: Bienaventurados los minerales,
porque a ellos también mi ser pertenece.
Página en blanco: Silencio, melancolía, decepción,
vacío, gloria, inmortalidad.
Tierra: Bienaventuradas todas las aguas,
porque a ellas también mi ser pertenece.
Página en blanco: Tristeza, fracaso, todo esto
y mucho, mucho más, soy yo para el Creador.

XXXII. Escuela y nada

Escuela: En el territorio de la ignorancia
el camino yo soy al universo mundo.
Nada: El caos primigenio es mi origen,
el vacío terrenal del principio.
Escuela: La ignorancia es el castigo supremo
del hombre, y la oscuridad su reino.
Nada: Vino la noche vestida de negro,
luego el alba ataviada de plata.
Escuela: Hay manzanas rojas en mi bosque verde,
de las que cuelgan los frutos de la ciencia.
Nada: En su carro de delfines el sol vino
pletórico, tocado de inocencia.
Escuela: En mi bosque también hay frutos amargos,
que saben a desengaño y a tristeza.
Nada: Y se llenaron de gloria las aguas,
de deseo desatado por la tierra.

XXXIII. Fuego y niña

Fuego: Sube al cielo mi lengua roja
y el aire sin quererlo me arrastra.
Niña: Triste está mi padre y no me quiere,
no me quiere, ay, ¿por qué no me quiere?
Fuego: Me eleva, como un fantasma de gloria,
el invernal aire de la tarde gris.
Niña: ¿Qué he hecho yo para que no me quiera,
mi padre bueno, triste y solitario?
Fuego: Hasta que no arden los corazones
que amamos, sus angustias no vemos.
Niña: He navegado solitaria por mares
infinitos de deseos carnales.
Fuego: Siembran las semillas la tierra
estéril y pobre por abundancia.
Niña: A humildes islas sin agua he arribado,
a continentes dormidos en nada.
Fuego: Tu antorcha liberadora soy yo,
para domeñar tus malos deseos.
Niña: Es la pureza una utopía de dioses,
es humano lograr la imperfección.
Fuego: Hazme caso, niña, quema tus cuitas,
tu conciencia dormida es tu padre.

Niña: Mi espíritu es mi conciencia alerta,
sobre su soberbia reina mi padre.
Fuego: Entonces, toma mi fuego y alumbra,
alumbra tu camino solitario.

XXXIV. TÚ Y YO

Tú: Estoy aquí contigo, frente con frente,
me ves, me oyes, mírame, me sientes.
Yo: Tú eres yo, vaya cosa, yo soy tú,
yo nada soy, nada, si no estás tú.
Tú: Un castigo es la soledad impuesta,
ay, unos a los otros nos debemos.
Yo: Yo te leo, si tú poetizas versos,
y no sé qué entiendo al leerte.
Tú: ¿Por qué el todo buscas, si no existe?,
descubre la parte siempre hermosa.
Yo: No siempre ha de dominar el todo,
la parte muchas veces reina, hechiza.
Tú: En la poesía hay pájaros cantores,
lirios violetas, dolores, alegrías.
Yo: Una tarde de otoño es la poesía,
donde el sol sueña y despierta la luna.
Tú: La vida los poetas no la razonan,
solo su música oculta desvelan.
Yo: En el tajo del verso me hago poeta,
una voz callada me llama dentro.
Tú: Es crepúsculo, el camino del libro
de la vida ya sus páginas cierra.

Índice